Bei misch im Dörp

Copright by Gerlinde Korstick

Herstellung und Verlag:

BOD-Books on Demand,Norderstedt
ISBN 9783732231829

Hompääääätsch

Schau mal rein www.käserkorstick.jimdo.com

Inhaltsverzeichnis

Fründe för immer un ewich

Dat hant mer uns als kleene Pänz janz fest
jeschwore

Un wie et im Läwe so kütt, leider hant mer uns
verlore

Doch irjendwo un -wie, wor isch immer drop am
hoffe

Und hüt, da hant mer uns janz zufällich wiederjetroffe

Klar hat dä Zahn der Zeit kräftich an uns

erömjenaacht

Äwer ejal, minne Blutdruck ist janz schön in de Höh
jejacht

Din Laache, holt immer noch ät Sönneken vom

Himmelszelt

Din blaue Oje blinzele wie damols verführerisch in de
Welt

Dat hat misch schon fröher jut jefalle un schwach
jemaat

Wat häste misch alles verzellt un von de Zukuft so jesaaht

Isch han Disch dä Verzell jeglöft, denn Du wors ja so flott

Dann op ehmol, do hatste Schiss in de Bux , da warste fot

Nu stehste he bei ALDI plötzlisch för misch , nach 50 Johr

Häss kinn schwatte Locke mi, nur översichtlische jraue Hor

 Ejal , no fünf Minute , wore mer irjendwie widder janz eng

Isch glöw, dä Amor hät ne Pfeil ajjschosse und

jetroffe........................ Peng

Zoff im Seniorenheim

 Bei uns im Dörp im Seneriorenverein Muß et Klara
immer de Schönste sein Dä Pulli is immer en
Nummer zu klein Et will immer noch en Sexbom sein
Jut, miedertechnisch is alles prima jehoben Da
kannste die Firma *Triumph* nur loben .Äwer et
Nachts, bloß dat siehste ja nie Rütscht de Schönheit
bestimmt Richtung Knie Äwer nu wöhd dat för uns
Angere von Interesse

Mir hant ne Neue un ich sach mal so vermesse Dat is
ne zackije Kähl us janz besonderem Holz Ja, eijentlich
is et so ne richtije Hagestolz. Mit janz scharfer
Büjelfalte un total pikfein. Sojet jivt Unruh bei de
Frauen vom Verein

Do et Klara hät sich dä , direkt för sich usjekickt Un de
Konkurenz janz erbarmungslos wegjekickt Beim
Minna, hät dat sich bis jetz de Zäng usjebisse Dat hät
dem nämlich uf jut rheinisch *jet jedrisse* Nu jibbet
richtisch Kriech unger dene Zwei Un mir hant jet zu
kicke,

Dä Sonntach bei misch im Dörp

Et bimmele einladend die Kirchenjlocken, Sie rufen und Kinner bleibt zu Hause hocken.

Der Pfarrer steht lächelt vor der Kirchentür Un de Sonn lugt hinger de Wolken herfür.

Dat Jewissen hät dä nu Janz schön wachgerüttelt Un och noch de Klingelbüdel jot kräftig dürkjeschüttelt.

Jeder hat sin Scherflein brav abgegeben

Und dann gemessenen Schritts raus ins Leben

Vor der Kirch wird getratscht auch über de Leut Ach ne wat wor dat en schöne Predich heut

 Die Mam sagt:

„Isch jeh schon mal un mach et Essen Un Karlemann don et Nachhuskomme verjesse"

Dä Fritz, dä Karl und dä Häbät grinsen sich an Klar, spielen mer Skat, mir sin jo drei Mann.

Nix wie hin, im Dorfkrug wo die Angere schon warten, erst ein Bierchen un dann nix wie raus mit de Karten

De Mam is sauer dä Sonntachsbraten verbrötscht Un am Nammitach küt dä Karl ondoliert und verdötscht

Ä is janz schön hin-un her jeländemäßich am schwanke

Un in de Hand hät dä am Strüßche mit Blömkes von de Tanke

Grinst dümmlich und säht, ich han Dich uch jet mitjebracht

Vor 40 Johr hat die Mam janz häzlich daröver jelacht

Hüt ni mi, den hat hät die schön vill zu oft erlebt Dä krit gleich dat Wort zum Sonntach, dat die Erde bebt.

Und so ist es wiedermal vorjekommen

dä Karl hät hüt am Sonndach 2 x en Predicht

vernommen

Die Dessous-Party oder versprochen ist versprochen

Also, ich weeß janit ob isch dat he so verzelle kann, äwer isch han et Üch eijentlisch versproche. Versproche is jo versproche hät min Omma immer jesaht und at muß mer dann och inhalde. Isch fang jetz enfach mol ahn.

Ehr erinnert Üch doch noch dat isch ob die Tupperparty wor,wo die Werbefrau uns heiss ob die Dessous jemaht hät, die die uns am Schluß jezeicht hat. Also jestern Owend wor isch och dabei un zwar beim Kattelmeiers Gret. Die hant vill Platz un da konnt dat jut *öwer de Bühn* jon. Mer sollte so um 18.30 Uhr kumme un jesacht jetan Dem Gret sin Schwiejertochter (dat däht sisch immer ne Deu ahn) hät uns mit en Jläsken Schampus bejrüßt damit mer in Stimmung kumme sollte. Isch un och dat Gret sin lewer bei Wasser jebliewe, wejen unserem hohe Blutdruck etc, äwer mir wollte ja sowieso nix kofe un hant dat Verführungswässerchen nit jebraucht.

En Stund später wore dann endlisch all die junge Wiewer injetroffe un hant lustich Schampus jedrunke un dann jing et los.

Die Werbemadam hät noch en nette junge Frau mit ein astrein Fijürjchen als Modelmitjebracht, die dat sodann alles vorjeführt hat un dann konnt man von Jröße 36-1/2 bis 52-1/2 alles bestelle. Dem Modelmädsche hät man ne alde graue Müllsack mit ne Kordel üm dä Liv andon könne, och dä hät dem dann jut jestande.

Die Stimung wor jut und die Frauleut hant bestellt als wenn et Morje kinn Dessous mi jeben würde. Corsagen in wirklich sämtliche Colours , Strings; BH's un raffinierte Nachtjewänder etc. etc.

Dat Gret und isch hant uns bei einije Sächelchen anjekickt un dann hät dat Gret so janz versonne jesaht: „Schad, dat et dat bei uns fröher net jab, isch hät och wat bruche könne damit et bei uns ä bise peppiejer jeworden wär. Äwer nu litt dä Franz ruhig in de Ähd un isch han he min Ruh, äwer wer weeß et wat loß jewese wär, wenn isch damit fröher so in et Schlofzimmer eriinjedänzelt wär......" Mir hant und verständnisinnich anjegrinst und gleich dann neichte sich die Deossouspartie so langsam dem Ende zu.

Aber einen Knüller hatte die Werbedame denn doch noch in petto, die machte ein kleines rotes Lederköfferchen auf verwies of de erotische Unterwäsche für den Mann. Da war isch jeplättet, wat die Kähls hüt antrecke dont oder solle. Kin Ungerbutze mi, nä och so ne Strick mit für wat dran,jibbet also für Männer und etwas anders vorne dekoriert für Frauen.

Un da bald Weihnachten kam der Clou , so ne rote Strick für hinge und vorn wor en rotes Nikolausmützchen mit ne kleene wisse Plümmel. Isch han jedacht dat ist ne Witz, nä dat wurd minestens 7 x verkoft,un nu kennt mer sich ja he

In mi Dörp uni sch kenn och die dazujörijen

Männer …………

Janz erlisch wenn isch die he treff , dann stell isch misch immer die kleen Nikolausmütz vor un isch könt misch kapottlaache.

Also isch kann Üch so en Party nur wärm an et Häz leje, wenn Ehr wat zu laache hant wollt.

Dä Souveniererisch

 Mir hant uns he im Palatini jetroffe um en bisske zu schwade un ne Cappu zu drinke. Dat Jespräch dümpelte so für sich hin, do kom dat Willenburgs Emma un wor janz üfjerecht, ja un aff do wot dat dä spannenste Cappu, dä mer je jedrunke hant.

Stellt Üch für, dat Hermine Reedmanns, is vorige Woch us dem Urlaub von de DOMREP no Hus jekumme un hät sisch ä Souvenier mitjebraht.

Nä, kinn dicke Muschel oder en jeschnitzte Kokosnuss oder so jet, nä ne lebendije knackige Latinolover. Mir hant uns fast verschluckt, als uns dat Emma dat verzellt hat. Mir wore jeplättet, dat Hermine , kannste mol kicke!!!! Normalerweis siehst dem dann immer dat Kirchenlättchen rumbringe un dat hät nie Ziet, weil et jemeindemäßich im Stress is. Överall hät dat sin Wiesnas drin un mischt sich och överall in. Eijentlich süht dat och us wie so en verdrüschtes Frühjohr, äwer do hinge in die DOMREP muss et wohl irjendwie widder ufjeblüht sin. Jetz bin isch jemein, weess isch, äwer vielleicht hät dat ne Bikini us Dollarscheinches anjehat oder sich sonst irjendwie spendabel jezeicht, denn dat is 65 Johr und dat Souvenierchen soll höchstens 30 Johr sin.

Isch mehn, alle Achtung, dat hät janz schon Mut, denn jetzt is bei denne up dem Hoff dä Kriech usjebroche. Die hant nämlisch ne jrosse Hoff und verkofe Kartoffele und Jemüs und han ordentlich jet an de Föß. Dat Emma wor bei dem Kathi , dat is die Tochter von dem Hermine und hät Kartoffele jekooft und do hät dat dä Souveniererisch janz kooz jesenn. Dat wär so ne aalije Flutschbücking mit lange glänzende Hoor un en dicke Joldkett un jenauso Armbändsche un dä stolzierte Händschen in Händschen mit dem Hermine över dä Hoff zum Auto. Un dä hätte ne Hüftschwung, do wär dat Marylin Monroe in sin beste Ziet, nix dajejen jewäse. Isch hat dat Bild so vor de Och, dä hüftschwingende aalije Flutschbücking und dat trampelije verdrüschte Hermine, nä wat schön. Isch bin ens jespannt in 14 Dach is he ä jroßes Fest vom Schützeverein, dann bekomme mer dä bestimmt vorjestellt. So unger uns, ich jönn dem ne Lover, äwer 35 Johr jönger, dat Hermine jeht up de 70 zu , hoffentlisch hät dat sich do nit verkalkuliert. Isch glöv schon, dat dä irjendwie besondere Qualitäte han muss, äwer die hant bestimmt nix mit Ackerbau und Viehzucht zu don.. Dat hät sich doch dä Kleiermanns Karl nähme künne, mit dem wor dat in de Schul und ä is och alleen und dä versteht jedenfalls jet von Kartoffele und Kappes.

Bettgeflüster

Eijentlich heeß ich nur Bett, äwer isch han oft och noch ne Name davor, zum Beispiel Himmel, Lotter un Ehe.

All die Variatiönschen han isch schon erlevt un isch könnt Üch he wat verzelle, äwer nur wenn Ehr dat wirklisch höre wollt.

Überlecht et Üch. Jut, nu hat jo Ehr lang jenuch überlecht un seid neujierich jeworden, deshalb fang isch jetzt an en de Erinnerungen erömzukrame.

Bejinnen wir damit an, als isch noch Lotterbett hieß un isch muß Üch janz ehrlisch verzelle, dat wor för misch de schönste Ziet. Och min Umjebung wor so lotterjerecht dekorativ eröm drapiert, dat hat dat Marie-Luise janz prima hinbekumme. Nä, wat wor da los, misch wohd dat överhaupt nit langweilisch un isch hat janz vill zu kicke. Tachsöwer wor dat meistens ruhich un ich stand nur soeröm un han misch dann mit die dicke Matratz ungerhalde. Die wor ä bisske maufaul, so ab Middachs hät die sichdann mental ob die Nachtschischt vorbereitet. Jut, der ihre Job, der hät et in sisch jehat, dat is ki Wunder, dat die all nur en paar Jährkes richtisch zu jebruche sind un dann ausjetauscht werden Wat isch interessant fand, dat die Männer die da mit dem Marie-Luise erömjelottert hant, so verschieden wore. Vom Sparjeltarzan bis Mr. Sixpack, hatten die un dat Marie-Luise hant jede Menge Spässkes . Dat wor en Jestöhne un Jelache, dat mer richtisch Freud dran haben konnt.

Ob ehmol wor dat am Eng un dat schöne Jelottere vorbei un et wurd mädschenhaft edel bei uns. Die Lotterdeko kom weg und isne Himmel oben druff drapiert un hieß ab jetz Himmelbett. Och min alde Fründin, die dicke Matratz wurd entsorcht un et kom en „rückenfreundliche" neue harte Matratz So ne rischdisc Quatsch ,un die alte dicke weiche Kuschelmatratze wor doch noch immer außerordentlich freundlich, fand ich, Han isch doch alles live miterlebt. Ich word nu von rosa mit wiss Orjanza berieselt un stand keuch und erwartungsvoll so eröm.

Et Marie-Luise hat sisch dann dä Friederich usjekickt dä sisch dann mit dem in dä rosa Orjanzatraum kuschele durfte. Jut isch hät misch läwer sone Sixpack jenomme. wenn isch dat Marie-Luise jewäse wär, äwer isch bin ä Bett un stonn mehr ob wat Massives.

Öwer dä neue Lover kann isch nit so vill saje, denn

15

jejen die Lotterzeiten von fröher wor et jetzt Nachts meistens janz schön ruhisch bis ob dat leise Jeschnarche von dem Friederich.

Wat soll isch Üch verzelle dat Mariel-Luise is mit dä drüje Pitter vorije Woch vorm Traualtar jetreten. Bei misch kom dann dä rosa-wisse Tüllhimmel eraff un die Matratz konnt bliewe, denn di wor ja noch nit sehr strapaziert und so sin mir beide jetzt zum Ehebett ernannt worde.

Morjen kütt dat Marie-Luise nebst Ehemann von der Hochzeitsreis zurück un de Matratz, Kopfkisse und dat Plümmo sin frisch bezogen un nur warte mer ob die Dinge die da kumme. (wenn denn jet kütt

Psssssst rütscht mol jet näher un isch flüstere Üch mol wat in et Öhrchen: Dä frischjebackene Ehemann däht janz bestimmt treu sin Pflicht un dat mit de Spässkes is he leider vorbei und isch sach nur: Marie-Luis wat haste da jemacht

Nix is mi mit erotische Kissenschlacht mit Schampus un die lustvolle Rangelei. Nä wie is et traurich , et is alles vorbei . För misch bejinnt nu dat Rentnerläwe. Ä biske sehr früh, äwer so is et äwe

Isch sach Üch Tschüss un et is . Wat is dat ne Dris

Neujierich ????? Nä, isch doch nit

Vorjestern hat isch ne Termin beim Ohrenarzt un da muß isch dann in et Nachbarstädtchen, denn hier bei misch im Dörp hammer kinne.

Isch un noch 2 Frauen woren pünktlisch, äwer dä Doktor wöhd sisch en Stund verspäten. Worüm, kinn Ahnung, äwer nu wor isch da und nomal na Hus wor zu umständlisch. Also hant mir drei uns in et Wartezimmer jesetzt un ob dä Doc jewaht. sch han misch en Ziedung jeschnappt und wor so ä bisske drin am arömlättere, als die zwei Fräukes ihre Verzell fortsetzten.

Ob ehmol han isch die Öhreks jespitzt, denn die Lütt die die jetzt zwische dä Zäng hatte, die kenn isch janz jut. Dat wore die Hühnepüngels he bei misch us em Dörp un mit dem Lotti und dem Kathrin bin isch schon 20 Johr im Kejelclub „Die lustijen Landeier"

Die zwei Frauen kannte misch nit und ich die och nit un et stellte sisch so eraus, et wor en Cousin von drei Dörfer weiter- Isch han dann voll konzentriert zujehört , äwer so jedon als wenn misch dä Driss in die Ziedung unheimlisch interessiere wöhd.

Dat Schöne bei sone Ohrenarzt isja dat die Leut laut

verzelle, weil die meisen älteren Semester nit mi jut höre konnte. Also wor dat för misch wie bei de ARD un em ZDF un isch saß führe in de éschte Reih

Nä wat han isch do alles Inerssantes erfahre, et jing um et Testament von denne Ihr ahl Tant Marie, denn die hät dat Lotti un dem sinne Hubert vom Erbe janz usjeschlosse, weil dä Hubert die ahl Tant fröher um Jeld beschisse hät

Un dat die Tochter, dat Karin, en Techtelmechtel mit dem Karrenbergs Hermann han soll. Dat wüßt bei misch im Dörp dä janze Schüzeverein, äwer dem Hermann sin Frau wüsstet noch nit. Die kenn isch, also wenn eruskommt, dann Nacht Mattes, dat ärme Karin. Isch kann misch noch jut dran erinnere wie dä mit dem Luzie en Ziet erömjeschwänzelt is. Om Sommerfest vom Jartenverein hät die dann die zwei Turteltäubchen flajranti erischt, do is dat Luzie in letzter Sekunde renne jejange und dä Herman hät ä dickes Veilchen 2 Woch hinger en dicke jrosse Sonnenbrill versteckt.

Äwer dä Hermann is und blivt ne Schwitjeh un lecht alles flach wat nit bei drei ob dä Bohm jeklettert is Un e tLotti wär schon lang rus us de Wechseljahre, un et wöd nur so vill meckere weil dä Hubert im Bett en

18

Schloftablett wär un läwer ne scharfe Film owends ankicke dät als selber aktiv zu sinn. Un dann hät die Cousin jesaht, äwer dat Sensatuionellste verzell isch Disch jetzt un als die grad Anfange wollt, jing de Dör ob und de Schwester Carola hat misch ofjerufe. Schad, so ne Mist nu han isch dat nit mi mitjekritt äwer jut die Ausbeute von die angere

Neuichkeiten wor janit schlecht on wenn dat Lotti beim nächsten Kejelabend widder so rumtönt un ob dem hohe Ross sitzt, dann frach isch dochmal wat eijentlich aus dem Nachlass von die ahl Tant jeworde wär, et hät uns doch verzellt se wöhde vill von der erbe, mer wöhd janix mehr davon höre- Am Mittwoch in 14 Dach hant mer widder kejeln un glöwt et misch,et wird misch jet infalle ,denn die Informationen kann isch doch nit unjenutzt lote, zumal dat Lotti noch wat *jut* bei misch hät. Un wie heeßt da schon in de Bibel *Auge um Auge un Jiftzahn um Jiftzahn* oder so ähnlich.

Neue Verzell us em Dörp

Ehr wollt et jo och immer wisse wat sich so däht he am Niederrhein in dem kleene Dörp Et wor jestern Owend en biske länger jeworde, denn mer wore ob ne 70stichste Jeburtstach injelade.

Nu ist dat jo he im Dörp praktisch, do kannste överall zu Fuss hinkumme oder mit dem Rädsche. (Do kannste ä biske mi drinke, wenn Lust häst un kütz emmer jut no Hus)

Also wie jesacht, dä Wimmersdörfer's Karl is 70 jewohde und dat wohd jefiert. Die hant sisch dat richtisch wat koste loote, nä, dat muss isch schon saje, die hant he dä *Alde Bahnhof* jemietet, <do musse immer vorbestelle, sons krisse do kinne Platz >.

Et wor alles do, wat he Rang und Name hät, isch och.

Dä Karl, dat is so ne rischtije Vereinsmeier, dä is im Schützeverein, Heimatverein, Sportverein, Gesangverein, Kejelklub und in de Partei. Wat för ehn sach ich nit, dat muss dä jo alleen wisse, de min is die nit. Dat Mia, dem sin Frau is mit misch fröher en de Schol jejange, dat däht sich hüt ne Deu ahn, dat glööfste nit. Säht dat jestern för misch, „ Ach wie schön dass Du gekommen bist < dat blöde Huhn, dabei han isch en Inladung uf Büttepier von vor 3 Mont jekriet >. Wie geht's Dir denn so"? Isch kick dem ahn und sach: „Hörens Mia, isch bin Morjen beim et, Du kannst dä Deu wegdonn, usserdem ham mer uns jestern Metzger jesenn un uns öwer de beste Wöschkes ungerhalde".

„Ja, „säht dat för misch,"das war gestern, aber Heute ist wieder ein anderer Tag. Probier doch mal am Buffet den Fich und das Fleich. Ich muss mal rüber, da sitzt der Parteivorsitzende mit Frau." Isch konnt nix mi saje, denn wenn ne Rheinländer vürnehm wöhd, dann säht dä bei Fisch und Fleisch ki *sch* mi, nä dann wöhd dat janz elejant usjesproche, nämlich Fleich und Fich. Also is dat zu die Haute Volaute örowerschlawenzelt um do zu *small talken* oder wie dat jetz uf Neudeutsch heesst. Isch han so bei misch jedacht, kannst mo kicke, dat wor eijentlich nit janz so schlau en de Schul, nä unger uns, dat wor zu doof ne Emmer Wasser umzudeue, äver dat hät op sin Art un Wies och Karrier jemaht. Hät sich dä reichste Buuer jeschnappt un schlanwenzelt um die richtije Lütt eröm, kannste mol kicke, dat jeht och. Na ja, sons wor et janz nett und en paar vernünftije Lütt wore och do und do iss et ä biske später jeworde un jetzt muss isch eschmol en Tass Kaffee drinke.

21

Der Putzteufel oder

die Erotik des Meister Propper

Emma Helene Müllermeier schlug die Augen auf und gönnte sich noch 5 Minuten um richtig wach zu werden. Und schon ratterte in ihrem Kopf der

Donnerstagsstundenplanwecker und zeigte ihr auf, was heute alles getan werden musste. (sie hatte so einen Stundenplan für jeden Tag in ihrem Kopf abgespeichert) Heute war also Donnerstag, da mussten die Fenster geputzt werden ,wie jeden Donnerstag, das hatte sie so gelernt von ihrer Mutter (*Kind, eine ordentliche deutsche Hausfrau hält ihr Heim sauber, so dass sich da ja kein Stäubchen häuslich einrichten kann*) ja und nach diesem Slogan tanzte Meister Propper schon jahrelang in allen Räumen, bis alles blinkte und blitzte.

So hielt sie dass schon seit den Flitterwochen und der Karl, ihr

Angetrauter, ja den hatte sie leider auf der langen aprilfrischduftenden Wegstrecke des Ehezusammenlebens irgendwann verloren, oder vielleicht war er im Putzwasser ertrunken und hatte nur seine Hülle zurückgelassen, so richtig hatte sie das nicht wahrgenommen und eigentlich war es ihr auch egal.

Er warf ihr vor, sie hätte ihn zum Haus rausgeputzt und deshalb er fand das Leben mit der Marianne Hagedorn, die vor einem halben Jahr Witwe geworden war, weitaus unterhaltsamer. Pfui dachte Emma so bei sich, so eine Schlampe, dauernd hatte sie Besuch und war in verschiedenen Vereinen, einmal ging sie Kartenspielen, dann war sie fort zum Kegeln, dann zum Schwimmen und sie sang auch noch im Chor der Landfrauen, wann fragte sich Emma, als ordentliche Hausfrau, putzte die eigentlich ihre Wohnung ?

Tja, und ihr Karl, der ewig mit seiner Lust auf Kuschelei, das hatte sie schön früher nur in völliger Dunkelheit und dann bitte im Schnelldurchgang ertragen und nun überhaupt mit ganz viel null Lust , weil sie ja gar keine Zeit dazu hatte. Was sollte das , sie waren ja nun in einem Alter wo sich sowas ja wohl erledigt hatte und eigentlich war sie auch richtig froh darüber. Sie hatte sich schon jahrelang die Regel vorgegeben, Augen zu und durch und an den nächsten Einkauf bei Aldi denken und so hatte sie sich in langen Jahren eine Einkaufsliste zusammengestellt, die sie sie bei den ehelichen Bemühungen ihres

Alfreds ganz durchgehen konnte und im Geist ihren Einkauf locker vorbereiten konnte.

Sie freute sich schon darauf, wenn sie heute Nachmittag in ihrer blitzblanken Küche eine Tasse Kaffe trank und durch die ebenso blitzblanken Scheiben nach draußen schaute. Dies war doch ein wirklich extasisches Erlebnis, da kam keine Kuschelaktion je mit und sie war voller Stolz auf ihre Leistung. Es ging doch nichts über dieses Gefühl von Ordnung,Sauberkeit und Frische gepaart mit dem erotischen Duft des Bergblumenreinigers von Meister Propper.

Doch leider, musste sie wie immer, dieses Gefühl einsam und ganz allein auskosten und ihr Karl, der war ein paar Strassen weiter , da hatte er mit Marianne Hagedorn ein etwas anderes Erleben verbunden mit viel sinnlichem Spaß und wenn die zwei nicht gestorben sind kuscheln sie und lachen noch eine ganze Weile und haben allen Spaß der Welt.

Uns Omma jeht in de VHS

Hab ich Euch eigentlich schon erzählt, das wir jedes Jahr eine Mädeltour machen ? Wenn nicht, dann wisst Ihr das jetzt und dieses Mal wollen wir eine *Schoppingtur* nach New York machen.

Dat Marenbachs Wilma und ich , wir wollten eigentlich lieber in Europa bleiben, aber was willste machen, die Mehrzahl siegt.

Nä, wat war dat en Diskussion und der Angelo (is der vom Eiscafe, wo wir uns immer treffen) dieser miese Verräter, ist uns so in den Rücken gefallen und hat immer noch mit erzählt , wie toll New York wäre.

Dat Marenbachs und ich waren extra am Tag vorher noch bei dem und haben dem 10.00 € extra in die Tasche gesteckt, wenn er uns beipflichteten wöhd, aber wir konnten nix machen und müssen nun trotz unserer *Scheiss*Flugangst över de Teich.

Also wir fliegen Ende November, wenn die da dä riesige Weihnachtsbaum aufstellen, aber wir haben noch ein *klitzekleines* Problem, kinner von die Mädels kann Englisch, ich och nit.

Und weil wir so jemeckert haben wurden dat Marenbach und ich jetzt verdonnert ne Anfängerkurs

25

he, bei uns in de VHS zu machen, damit wir nit janz so doof dürk New York flaniere. 3 Stunden haben wir schon hinger uns jebracht.

Dat Marenbach und ich sind die Oldies da in der Gruppe und die anderen Teilnehmer die frischen nur ihre Grundkenntnisse auf.

Schön und jut, mer hant kinn Grundkenntnisse und sind von de englische Sprach völlig unbeleckt, das haben wir der Lehrerin erklärt.

Hat die schon die Augen himmelwärts gerichtet und leicht säuerlich gelächelt und die anderen 7 Teilnehmer schienen auch nit janz so bejeistert, dass da zwei Ommas ihren lerneifrigen Höhenflug verlangsamten. Dat is uns drissejal, bis im November müssen wir die Mädels jut dürch New York bringen.

2 x in der Woche jont mir nu in de VHS und zu Hause üben wir auch noch mal 2 Sunden. Dat Marenbach's hat sein Enkeltochter jefracht, ob die uns mal abhören könnt, wisst Ihr so mit de Vokabel und die Aussprache mit dem *Te ääätsch*.

Ist nit lang jut jejangen, dat Sarah hat einen Lachkrampf bekommen un hat jesacht wir sollten uns besser so einen kleinen Sprachcomputer kaufen, wenn wir dahin fliegen wollen.

Aber nu hat uns dä Ehrgeiz jepackt, un dat wollen wir doch mal sehen ob wir dat *English for beginners`* nit auf de Reih bekommen. So nun habe ich die Hausaufgaben fertig und jetzt pack ich mein Schultäschchen und dackel mal wieder hin zu de VHS. Unterwegs hol ich dat Marenbach's ab und wir üben Vokabel,die hier hatten wir auf, denn Ihr sollt ja auch was davon haben.

Also, los jeht dat jetzt mit de Überei

:Mantel = coat usw

En Wallfahrt no Kevelaer

Et jibt widder jet Neues aus em Dörp zu berichten.

Jestern war ich beim Hühnepüngels Willi zum 70zigsten Wiejenfest einjeladen und isch muß schon sajen, dat hät dä sisch janz schön jet koste lote.

Mir wore beim Klettenbachs Willi in de *Traube* und ä is ja bekannt för en jute Küch.

Mer muss schon janz ehrlisch zujeben, et jov nix zu meckere.

Jedenfalls nit över dat Menue, dat mer natürlich de Ehne oder Angere dürk de Zäng zieht, is ja normal, oder ?

Isch han so en die Rund jekickt, denn mer hät ja schon janz schön viel Ziet mit die Hälfte von die Lück zujebracht. Dann bliv minne Blick so op dat Jeburtstachskink mit sinnem Elvira hängen.

Nä dä Willi sieht immer noch jut us, äwer dat (psst so unger uns), dat Elvira hät so wat von kleene verschrumpelte Bratappel an sich. Dat hät dat och nit so janz einfach mit dem Willi jehat, denn dä wor früher in de janze umliejenden Jehöfte und Dörfkes als dä „flotte Willi" bekannt. Also et wor ne janz schöne flotte Mäckvörann"

Nu wurd ja immer jemunkelt in Kevelaer hätte dä vor en paar Jährkes noch en janz heftije „späterherbstliche Liaison" jehat und do lief jetz so ä kleen Malörchen eröm.

Un et wör passiert , als die vom Schützeverein en Wallfahrt dahin jemacht hant un da hät der Willi die kenne jeliehrt. Dat wär die Bedienung jewäse, in dem Lokal, wo die Mittachs jejässe hant.

Dat hät misch dat Riesenbürgels Hanne unter dem Siegel der Verschwiegenheit verzellt, denn dem sinne Karl wor damals mit ob die Wallfahrtstour.

Nu muss isch vielleicht noch für die Erläuterung verzelle die Hühnepungels hant kinn Pänz (dröver wor dat Elvira und dä Willi janz schön verzweifelt, dat muss mer schon so sehn.) Denn die hant reichlisch Land he und ordentlisch Pinünzkes ob de Bank. Dat janze Jeld un Land hät dat Elvira mit jebracht und dat wor och dat auschlachjebendes Argument für die Hochzeit mit dem Willi, denn dä hat nit vill von zu Hus zu erwarten jehat, denn do wore 10 Jeschwister.

Äwer dat Elvira wollt dä Willi unbedingt han und hät em dann och jekricht.

Nu könnt Ihr Üch vorstelle, dat nu all die Erbschleicher dauernd öm die alde Hühnepüngels am erumschlawienere sin un sich ungernander bewache wie beim FBI.

Na ja wat soll isch noch lang drümeröm verzelle, ob ehmol jing die Dör op un ne kleene Jung so ca. 5 Johr kom mit ne dicke Blomestruß rin und hät dem Willi jratuliert und is op dem sinne Schoß jeklettert.

Kannste sajen wat de willst, dä sah dem ähnlich und dä Willi hät over dat janz Jesicht jestrahlt. Mir hant uns verduzt anjekickt denn die zwei Hühnepüngels hatte a Lächeln im Jesicht un sojar dat Bratäppelchen Elvira, wat nit oft vorkommt.

Jedenfalls hant die uns dann all dä Wink us de Sejel jenomme und ä Willi hät jesacht

*Damit Ehr och lang wat zu verzelle hat, wolle mer, dat Elvira un isch Üch he dä kleene Pitter vorstelle. Dä leve Jott hät uns op Umweje (dat hät dä äwer elejant umschrieve, han isch jedacht) doch noch ne Erbe jeschenkt.

Also, wie Ihr seht is wat dran mit dem Wunder, wenn man en Wallfahrt no Kevelar mäkt.* Isch han so als widder in die Rund erömjeschaut und fand dat die lieben Anverwandten janz schön säuerlich jekickt ha nun mir angere hant jetzt widder für die nächste Ziet wat zu verzelle im Dörp.

Et Lisbeth hat en Idee

Tach zusammen, isch bin et Lisbeth und isch wollt misch nu he, bevor isch an zu verzelle anfang, eschmol vorstelle. Dat mäkt mer ja, denn sojet hät de Mam und der Pap ehnem als Pänz schon injebleut. Also jut, isch bin 60 Johr und davon 40 mit dem Pitter verhelischt, dä is mit misch domals sozusajen als mi *Altarjeschenk* in dä Ehehimmel abjedriftet.

Wenn isch daran so zurück denk, wor et och en bissken himmlisch, mir sind die äschte 3 Woche fast nit us dem Bett erusjekumme, also von min Hochzeitsreis in de Berje kann isch nit vill verzelle, nur an dat nervije Jebimmel von de Jlocken die die Küh da öm de Hals hatte, kann isch misch noch erinnere.

Wenn isch da dem heissen Liebesjeflüster vom Pitter bejeistert zujehört han, muhten und bimmelten die als die morjens und am Owend erus-und erinnjetriebe wurden,. Äwer dat hant mer in dem flitterwöchlischen Liebejerangel janz jut wegjesteckt.

(Äwer unger uns, mir han ob de Silberhochzeit, die jleiche Reis nochmol jehmaht. Et is da wirklisch en schöne Jejend (han isch dann festjestellt) un die Kühhant immer noch jebimmelt, äwer jetz hät dat net mi jestört äwer mer hant och nit mi jerangelt.)

So un da bin isch beim Thema, müsst doch zujeben han isch elejant hinjekriet, ne ? Isch weess ja mit wie dat so bei Üch zu Hus is, äwer bei uns däht sich mit Jerangel nit mi vill.

Pssst….. isch kann misch nit mi so richtisch erinnere un deshalb han isch bei misch jedacht, Lisbeth lot disch jet infalle. (ob dä Pitter bruch ich nit hoffe, dem fällt bei prikelije Lebenslajen meistens nix in, denn daför hät dä misch). Isch han misch so an fröher erinnert, nä wat wor dat mal ne potente flotte Makförran. Dä beste Tänzer im Umkreis von 20 km un auch sonst konnt dä die Häz janz schön ob Toure bringe un hüt ? Nix mi mit danze und et Häz ob Türkes bringe, nä dä fläzt sich owends op die Couch und dat Spannenste bei uns ist dä Jauch mit sind Frajerunde wer wöht Millijonär. Also dä Pitter nit, denn dä kritt die Futt nit hoch.

Isch han vorjeschlajen , bewerb Disch doch och mol, äwer wie immer hät dä kin Lust.Wat mäkste mit so ne Lahmarsch ???

Isch han misch jet överlecht un isch hoff dat dat funktioniert, damit mer mol widder so ä kle bisske dä siebte Himmel sehn. (isch wär ja schon mit enFitzelken zufrieden.) Dä Pitter hät am Samstach Jeburtstach un da han isch mit wat Jrandioses infalle lohte, minne Plan hät 3 Etappen Et jivt Rolladen (dem sin Lieblingsessen) mit Knödel und Selleriesalat (de han isch reichlisch , denn dä fördert de Potenz) Han isch en Thaimasseuse engajiert die dem am Owend en biske fill Enstpannungsmassaje verabreicht, danach kann dä sich nit wieder verdünisiere, weil he et widder so em Rücke hät.

Nä nix da, die hät misch fest versroche, dä wöhd nit mi an sinne Rücke denke sondern nur noch frontmässisch und da en Etasch tiefer. Isch han misch schwatte Strümp jekoft un so en sündijes Teil mit Strappse (jut, isch seh nit so jut drin aus wie dat Dita von Teese, (wisst ihr doch , die da im riesisch jroßen Champusjlas stript) un ne schwatte Spitzen-BH han isch och, äwer wenn isch en bissken sehr dünn atme dann jeht dat und isch hoff ja, dat isch dä Verführungskrom sowieso nit lang am Liev han, denn die Thai- Massaje soll ja Wunder bewirken-Isch bin schon jant uffjerecht und wenn dä Pitter bei uns im Schreberjarten die Frühjahrsblömke inpflanzt, bin isch schon sein en paar Dach ne Strip am proben. Wat bin isch froh dat dat et Internet jivt, da kannst doch vill lernen, och ne anständije Striptaese.

Also, drückt mir de Däumches, dat minne Plan klappt un et widder so af un ahn ä bisske aufrejender in unserem Schlofzimmer wöht. Isch werde Üch berichte, wenn mer uns dat nächste Mol treffe. Üer Lisbeth

33

Wat et nit alles jivt

Meine Stadt sind ganz viele Dörfer

Meine Stadt gibt es erst seit 1. Januar 1970 , denn vorher ware es alles kleine Dörfer die dann als Stadt zusammengefasst wurden. In einem von diesen Dörfchen bin ich dann vor 15 Jahren hingezogen und zwar aus der Landeshauptstadt Düsseldorf.

Ganz ehrlich, es war schon eine Umstellung, aber inzwischen liebe ich mein Dörp und den Niederrhein sehr. Um uns herum sind Pferdekoppeln, Gemüsefelder und alles ist flach, man kann also schon am Montags sehen wer am Dienstag zum Kaffee kommt, oder so ähnlich.

Ich weiß noch wie ich lachen musste, als ich das Telefonbuch auf der Post abholte, denn ich war nur das Dicke von Düsseldorf gewohnt und da bekam ein Heftchen vom Format und der Größe eines Schulheftes in die Hand gedrückt. Damals hatten wir noch Hunde und als ich an einem Sommermorgen so ganz in der Früh mit meinen Hunden durchs Dörp spazierte, flog eine Haustür auf und ein junger Mann stürzte aus dem Haus und stopfte sich das Hemd in die Hose und zog sich im Laufen fertig an. Oha, kam mir der Gedanke da ist der Ehemann aus der Nachtschicht aufgetaucht und der Lover muss ganz schnell verschwinden.

Ich habe dem mir unbekannten jungen Mann Unrecht getan, es war ein braver Feuerwehrmann von unserer freiwilligen Feuerwehr. Auch das kannte ich nicht, sondern nur große Wachen, wo die Tore aufspringen und die Feuerwehr mit lautem Tattüüü Tataaaa losbraust.

Na, inzwischen habe ich mich hier prima eingelebt und viele neue nette Menschen kennengelernt und ich find es schön wenn ich durch mein Dörp zum Einkauf gehe und ich treffe dann meistens Jemanden mit dem man so über das Dorfgeschehen, wer mit wem oder wat et sonst noch jivt in de weite Welt, plaudert.

Diese kleine Geschichte betrifft einen Superbäcker mit Namen Zaunbrecher, der bei uns im Dörp einen kleinen Laden hatte und dem es leider einfiel nach Schweden auszuwand (Oh, Ihr glücklichen Schweden).

Es ist nun nicht so als wenn wir nur diesen Einen hätten nein, wir haben noch 3 andere Bäckereien aber Keiner backt so tollen Strietzel, Kuchen Brot und Brötchen wie er. Als es nun die Runde machte, dass er bald schließen würde, haben wir alle Strietzel, Mandelkuchen, Streuselkuchen plattenweise auf Vorrat gekauft und eingefroren, aber nun ist bis auf eine Platte Streuselkuchen alles weggemampft und jetzt steigt sie so stetig nooch un nooch hoch und höher, die

Zaunbrecherkuchenverlustangst. Was sollen wir nur machen, ganz ehrlich, wir sind doch richtig ärm dran, oder ????

Diese Geschichte ist schon ein paar Jährchen her und betrifft meine Freundin Annelore. Sie hat einen wunderhübschen Schrebergarten in einem sehr gepflegten Gartengelände und da werkelten, gruben und pflanzten wir mit wahrer Leidenschaft. Auf einmal ein Schmerzensschrei und Annelore war von der Hexe angeschossen worden und die hatte sehr gründlich und heftig geschossen. Was nun....... Das Auto stand auf dem Parkplatz und ich kann nicht Autofahren, aber wir mussten zurück in den einen Teil des Dorfes wo wir wohnen. Also habe ich dann Annelore zum Parkplatz geschleppt und unseren Hausarzt angerufen und schon bald kam eines der

Sprechstundenmädels, Schwester Elke, mit Arzttasche und Spritze ich habe mich dann vor diese Aktion gestellt und alles abgeschirmt so gut es ging und dann Hose runter, Po hinhalten und Aua, schnell eine Schmerzspritze rein.

So etwas gibt es auch nur im Dorf, wo man sich kennt denke ich mal.

(Also der Parkplatz liegt nicht so ganz einsam, aber das war uns ziemlich egal)

Ne janz fiese Möpp

Hüt wor ich im Dörp ob de Trauerfeier

Von dem fiese Möpp, dem Pitter Meier

Dä wor he in jede Verein, ä läwelang

Bei de Schütze, de Duwe, beim Jesang

De Sangesbröder hant ä Lied jesunge

Do sin dann de Schütze uffjesprunge

Un stande dann zickizackisch Spalier

Dä Rest truch dä Sarch dürk de Dür

Et jing dat af, hin zu die Grabesstelle

Dä Pastor Schmitt wor schon zur Stelle

Wat dä Pitter ne feine Minsch is jewäse

Dat hat ich och en de Anzeisch jeläse

Unger uns, dä Pitter dat wor ne fiese Möpp

Zu Hus hatten die sich sich immer an de Köpp

Un överhaupt, dat wor ne rischtije fiese Despot

Jetzt, is nix mi von wahr, nur weil dä jetz dot

Na jut, he ist fot un jetz jibbet Kriech um da Hoff

Die hatte en de Kneip ne schon janz schöne Zoff

Et Wor wie bei RTL, nur he bisse direkt mit dabei

Tierisch

Herr und Frau Mäuserich saßen in ihrer klitzekleinen Mauselochwohnung und hatten furchtbaren Hunger. Es war gut, daß ihre 5 Mausekinder noch schliefen und so konnten sie noch Pläne machen, wie sie was Essbares auf den Tisch Zaubern konnten.

Zur gleichen Zeit saß Benito der Kater des Hauses im Sessel vor dem Kamin und genau davor lag leise schnarchend Tim der alte Hund.

Herr Mäuserich traute sich und lugte aus dem Mäuseloch um das Terrain zu sondieren, ob er mal einen flinken Spurt in die Speisekammer wagen sollte. Hinter ihm zischelte seine Mäusefrau Elli ‚*Na wie sieht es aus, kannste es wagen?* *Vielleicht klappt es ja*, raunte er zurück und wollte grade starten, als Benito sich laut gähnend im Sessel streckte.

Erschrocken legte er den Rückwärtsgang ein, und erzahlte seiner Frau , das Hund und Katze nur ein paar Meter weiter vor dem Kamin waren.

Oh je, was sollten sie nur gleich ihren Mäusekindern zu fressen geben. Frau Maus schaute sich hungrig und verzweifelt zum dritten Mal in ihrer Mauselochwohnung um und krabbelte in jede dunkle

Ecke un schließlich fand sie noch fünf Körner, die irgendwann mal auf den Boden gefallen waren. Das war zwar besser gar nichts, aber es half alles nicht, ihr Mäusemann mußte was Essbares herbeischaffen.

Zu gleichen Zeit grübelte Benito vor sich hin, nach draußen, ne da wollte er nicht, denn ein eiskalter Dezemberregen peitschte gegen das Fenster und der Wind rüttelte in den Ästen und über Stühle und Sessel springen und Familie Maus zu jagen, langweilte ihn schon lange.

Im Gegenteil, irgendwie hatte er sich an sie gewöhnt und fand sie eigentlich ganz putzig, aber er musste ja so tun als ob, dafür war er ja dann alle die Jahre zuständig. Ich bin für so was zu alt dachte er bei sich und beschloß ab sofort in Rente zu gehen.

„He Tim," maunzte er den alten müden verschlafenen Hund an, „was hälst Du davon, wenn wir alle miteinander Frieden schließen, wir Beide und die kleine Familie Maus." „Is ja in Ordnung", schnaufte der leicht übergewichtige Tim und schlief auf der Stelle wieder ein.

Nun beschloß Benito die Sache in die Hand bzw. Pfoten zu nehmen und schob sein Töpfchen mit Katzenfutter ganz nah an das Mauseloch, so als

Fiedensangebot gedacht und rief nach Herrn und Frau Maus.

Er erklärte Ihnen die neue Situation hier in dem großen alten Haus und die Mäuschen glaubten erst ihren Mauseohren nicht zu trauen, als sie Benito zuhörten. Aber schließlich glaubten und vertrauten sie ihm .

Obwohl sie so grundverschieden sind , jährt sich dieses Friedensbündnis schon zum dritten Mal obwohl Jeder für sich einer anderen Rasse angehörte und daß es immer am 24. Dezember ist ist sicher a uch kein Zufall, oder was meint Ihr ?

Amor ist unberechenbar

Heute erzähle ich mal keine Geschichte, sondern mehrere kleine Geschichtchen. Wie inzwischen wohl festgestellt habt interessieren mich Menschen, die ich so im Alltag erlebe. Ich schaue oft hin und höre zu und speichere das Gehörte und Gesehene für mich ab und verwende es, wenn es passt in meinen Geschichten.

Ich habe mir mal vor Jahren zum Thema gemacht, wie sich die Paare kennengelernt haben. Oft war es unter normalen Umständen, beim Tanzen oder Familienfest etc. Das war für mich dann nicht so interessant, aber eine frühere Kollegin hat ihren Mann kennengelernt weil sie sich verwählt hatte und die Stimme des Gesprächpartners so erotisch fand, daß sie sich gleich nach dem Gespräch die Nummer noch mal wählte und einen Telefonflirt begann der dann einige Zeit später auf dem Standesamt in eine Ehe mündete.

Die Eltern eines jungen Kollegen hatten sich bei einer Wirtshausschlägerei auf einem Dorffest getroffen. Er hat ihr bei der Flucht durch das Fenster geholfen und sie beruhigt und sich unsterblich in das gerettete Mädchen verliebt. Eine andere Geschichte hat mir eine Freundin erzählt, die hat sie wiederum von einer

Bekannten die vor Jahren auf Kegeltour war und wie das damals so war nahmen es einige der Kegelschwestern und –brüder mit der Treue nicht so genau.

Jedenfalls wollte die Dame dann nach dem Tanzen zurück in ihr Zimmer, das sie mit einer anderen Kegelschwester teilte, doch leider war die Tür verschlossen weil diese Dame in trauter Zweisamkeit versunken war. Also was blieb ihr übrig , sie setzte sich müde auf die Treppe und wartete ab, wann sie denn auf das Zimmer konnte. Nach einiger Zeit bekam sie Gesellschaft von einem Mann der das gleiche Schicksal hatte und bald waren Beide in eine rege Unterhaltung vertieft und sie waren sich sehr sympathisch. Sogar so sehr, daß sie heute ein Ehepaar sind.

Eine andere Frau hat mir erzählt, daß sie beim Aussteigen aus der Straßenbahn mit dem Absatz hängen geblieben ist und unweigerlich aufs Pflaster gestürzt wäre, ja wenn nicht ein Mann sie aufgefangen hätte. Und ein Blick in seine Augen und sie hat sich auf der Stelle verliebt und bei ihm war es genauso und bald haben sie Silberhochzeit. und das Glück heißt einfach Schmidt Unsere Freundin Marie wurde 65 Jahre alt und das sollte ganz groß mit einer Gartenparty gefeiert werden. Wir waren ja so gespannt, wochenlang vorher kamen immer versteckte Andeutungen über die Fete, sie könne so schlecht schlafen, weil ihr so viele Gedanken durch den Kopf gingen, Sie grübelte in welcher Farbe die Deko sein sollte, evtl. mintgrün, zartrosa oder in champagner..oder, oder, oder.

Erst wollten wir ihr helfen und auch ein paar prima Ideen beisteuern , dann stellte sich heraus, daß sie einen Berater gefunden hatte, den ach sooo netten Herrn Schmidt.

Ab jetzt hörten wir den Namen Schmidt öfters immer begleitet von ein Lächeln und einem gefühlvoll erprobten Augenaufschlag. Als wir dann nachfragten, teilte sie uns mit, daß der Herr Schmidt ein ganz netter neuer Nachbar wäre, der vor kurzem im Nachbarhaus eingezogen ist und Witwer wär er auch.

(Der Ärmste, dachte ich so bei mir, wenn der einmal in Marias Fänge kommt, dann hat er nie mehr eine andere Meinung zu haben als die von Marie. Das ist so, wenn alles nach ihrem Wunsch geht ist sie zauberhaft und wenn, nicht dann entzaubert sie sich)

Schließlich war der Tag gekommen an dem unsere Neugierde befriedigt werden sollte. Es war ein wunderschöner Sommerabend als wir uns in dem gepflegten Garten versammelten.

Alles war perfekt abgestimmt und sogar die Blumen blühten in den passenden Farben Man konnte nur staunen und sich wohl fühlen, aber wo war der so gepriesene Herr Schmidt ? Als es klingelte, verschwand Marie mädchenhaft kichernd und kam dann bald darauf mit einem sehr netten Mann eingehakelt zurück. „Meine lieben Freunde", zwitscherte sie, „darf Iich Euch meinen neuen Nachbarn Herrn Schmidt, der sooo sehr geholfen hat, vorstellen." Also mal so ganz unter uns, Der Herr Schmidt war schon ein Sahnestück, so richtig was zum Kuscheln dachte ich so bei mir. Der sah aus als, wenn man den auch für die Schlechtwettertage im Leben brauchen konnte.

Marie hatte nur vom Feinsten aufgefahren und nachdem wir uns alle an dem wunderbaren Buffet bedient hatten wurden Lampions eingeschaltet , denn inzwischen war es Nacht geworden. Also eine richtig schöne dunkelblaue Sommernacht mit Sternengefunkel und so ein leichter warmer Wind streichelte so ab und an über die Haut. Auf der Terrasse wurde dann getanzt bei natürlich unserem Jahrgang angepasster Musike. Marie ließ den armen Herrn Schmidt nicht aus ihren Fängen und zog ihn auf die Tanzfläche. Dort war sie dann Miss Charme in Person , sie flirtete ihn an was das Zeugs hielt und ließ

Ihm nicht den Hauch einer Chance mal mit einer anderen Dame tanzen.

Ich hatte mich in die wunderbar gepolsterte Hollywoodschaukel mit einem Glas Wein zurückgezogen und sah dem Schauspiel amüsiert zu. Also es war eine prima Stimmung wirklich eine schöne Party. Auf einmal hörte ich nur, „Hier ist ja noch ein Plätzchen , darf ich mich doch sicher dazusetzen, denn ich muß erstmal ein bisserl verschnaufen."

Es war der nette Herr Schmidt, der Marie wohl irgendwie entwichen konnte.

Ich hatte nichts, aber auch gar nichts dagegen und wir tranken noch ein oder zwei Gläschen Wein miteinander. Wir unterhielten uns prächtig und hatten richtig Spaß und Marie wurde von den anderen männlichen Gästen betanzt, so konnte sie leider nicht weg von der Tanzfläche. Bloß die Blicke die sie mir zuwarf, hätten mich , wenn ich kein Feuer gefangen hätte,zu Eis erstarren lassen müssen. Herr Schmidt gestand mir dann zu später Stunde, daß er mich sofort gerne kennen lernen wollte und nun froh war ,daß es doch noch geklappt hätte. Die zwei oder drei Schmetterlinge am Anfang des Abends die in meinem Bauch flatterten vermehrten sich rasendschnell und ich glaube ihm ging es genauso.

Als dann in den frühen Morgenstunden der allgemeine

Aufbruch stattfand, verabschiedete sich Marie von uns mit säuerlicher Miene.

Herr Schmidt bestand darauf, mich nach Hause zu bringen, obwohl ich nur zwei Straßen weiter wohnte. Vor meiner Haustür küsste er mich zum Abschied, aber Hallo , was konnte der küssen , wow !!!

Nun ist ein Jahr vergangen und Herr Schmidt , der Peter heißt und ich sind ein Paar für den Rest unseres Lebens geworden.

Tja und die Marie, hat uns das nicht verziehen und bald ist wieder Ihr Geburtstag, aber wir sind nicht eingeladen.

Soll ich Euch mal was verraten………Es ist uns total egal

Pitters schönster Tod

Dach zum fiere, äwer usrechenet dä Dach hät dä Pitter sisch für et Sterwe usjesökt.

Druße träkt mit Trara dä Zoch vorbei und drinne is die janze buckelije Verwandschaft un kickt sisch bedröppelt ahn.

Die Bude wor ja schon Mont führher usjebucht , denn wer in Kölle en Wohnung hät, wo dä Zoch vorbeitreckt, dä is natürlisch bejehrt und mer kann och richtisch Pinunze make den ümsonst ist dä Dot.

Nu konnt Kinner damit reschne dat dä Pitter an sone Dach, dä Löffel abjeben muß un um dat besser zu erdraje nimmt die versammelte Verwandschaft eschmol öfters ne kräftije Schluck Schabau un och dat ehn oder angere Fläschke Kölsch wöhd jeleert.

Dä Pitter hät janz drüje Lippe uns in Frau jivt och ne kleene Schluck von sinem jeliebten Kölsch. Se hant ihm ne Fensterplatz jewjowe und glei dä dicke Lehnstuhl schön jepolstert und dann dä Pitter erinjesetz mit eene Karnevalsorden om dä dünne Hals und die angere an die Lehne jehange, Un als die Prinenjarde mim Prinz , Buuer und Jungfrau unge vorbeizoch da hät dä Pitter sojar sine Ärm jehowe und leis ä letztes Mol leis Alaaf jeflüstert un sojar noch en bissken

47

mitjesummt als die Kapell da unge dat alde schöne Lied jespielt hät:

„Mer kumme Alle Alle in dä Himmel, weil mir so brav sinn,"

Un dann hät dä sich janz leis mit nem Lächeln ob sinne letzte Weech jemaht.

Läwe Leser un innen dä Pitter wöhd sischer en janz schöne Reis han, wenn Ehr so dat Liedsche leis für Üch mitsumme wöhd.

Lust auf Frühling

Ich wünsch es mir doch so sehr,
 Das endlich, endlich Frühling wär
Weg mit dem eisigen Winterfrust
Her mit der warmen Frühlingslust
Vogelgezwitscher früh am Morgen
Sonnenschein vertreibt die Sorgen
Die mich oft in der dunklen Nacht
Um manche Stunden Schlaf gebracht
Ältere Herzen werden wieder jung
Bekommen einen neuen Schwung
Der Amor sucht stetig nach Beute
Sein Pfeil trifft so viele nette Leute
Vielleicht Karin und den Friederich
Könnt aber auch sein Dich und mich
Ach, wär der Frühling doch schon da
Ich fänd es wirklich wunderbar

Heinz-Alfred (FREDDY) Schneitmeier

Die Dach wore mer zum Kaffeeklatsch beim Katharina injelade und da mir grad so schön unger uns wore, wat wor da dat Thema ? Na klaro, Jeplauder aus dem Nähkästschen.

Also över dat eschte Beinah-Mol, dä eschte Kuss usw. usw.

Dat Katharina hät wat över sin Hochzeitsnacht verzellt, da sin mir fast vom Stohl jefalle vor Laache. Nä nix Jehässijes, nä wat Lustijes aber dat darf ich he nit verzelle, han isch versproche.

Äwer isch konnt och ne Beitrach liefere, denn vor en paar Woche han isch dä Freddy zufällig in de Altstadt jetroffe, ja und dä Freddy wor dene all ne Begriff.

Also ich konnt die Jesichter afkicke, wie die sich an dem erinnerten nämlichan dem sind schöne Locke, schwatte samtije Äujelkes un ne Mund zum küssen briede Schuldere und ne knackije Po und en dicke BMW.

Un Rock n Roll konnt dä danze , do woren die Mädels hin und weg. Also kooz jesaaht dä wor dat Sahnestück aller Eroberungen unserer Teenagerzeit. Isch hat dann ooch noch so 14 Dach ä kleen Techtelmechtelchen mit dem, un von dem han isch minne eschte Kusse jekritt.

Nä wat han isch misch toll jeföhlt, als ich hinge ob die BMW mit dem dürk die Jejend jebraust bin. Do han isch mich wie de Könijin över die Angere jeföhlt.

Äwer wie jesacht, dat wor nit lang dann kam en Angere dran, dat wor dann die Könijin.

Jut sojet jehört zum Läwe dazu un angere Mütter hatten och nette Jungens han isch dann festjestellt.

Äwer nun komm isch zum eijentlischen Thema, nämlich wie mir uns letztens nach fast 60 Johr zufällich wiederjesehen hant.

Ich wor in Düsseldorf und han misch jet jekoft und ob ehmol hat isch richtich Hunger un bin flück en de Hausbrauerei *zum Füchschen* injekehrt und da is et immer janz schön voll , also han isch misch an ne Tisch dazu jesetzt und de Speisekarte studiert. Nu merkste dat ja irjendwie wenn Disch die janze Ziet ne Kähl ankickt.

Ob ehmol säht dä zu misch, „Entschuldigung heißen Sie Linde und wohnten früher mal in Meerbusch ?"

Ich kick dem verdattert ahn un da säht dä zu misch , er wör der Heinz-Alfred Schneitmeier.

Isch wor platt, denn dä hätt isch nie, nie erkannt-

Jut janz ehrlisch, dä Zahn der Zeit hät bei uns alle fleissisch erömjenacht, äwer bei dem hät dä en paar Sonderschischten einjelecht.

51

Kinn Locke mi, nä ja nix om Kopp, en dicke Brill, ä Doppel (mehr Dreifach) Kinn un och sonst sehr jut im Futter.

„Ach ne ,han isch nach dem eschte Schock jesaat, „dä schöne Freddy"

Dan hant mir so en bissken von fröher verzellt, äwwer dä Jung wohd immer unruhijer un kickt uf sin Uhr. Et stellte sisch dan raus , dat he ob sind Frau am warten wor, die en Straß weiter beim Frisör war.

Un dann hat die ihre Auftritt, die kam erinnjefecht un hät misch anjekickt als wollt se misch ömbringe und säht zum dem Freddy . „Also Heinz-Alfred hast Du bezahlt, dann aber ein bisschen schnell, ich möchte sofort gehen" Un wat soll isch Üch verzelle, dä fröher so flotte Freddy dackelte wie ein begosssener Pudel hinger dem Reff her.

Ich musst grinse un han jedacht, dä liebe Jott ist doch jerecht, dat ist die Strafe för all die vielen Mädschentränen, die wegen dem untreuen Freddy jeweint wurden.

Fröher bei uns zu Hus

Mir wohnte all zusammen in Parterre min Omma und minne Oppa un in de 1 Etasch min Tant un ungerm Dach min Mam un isch. Et Sonndachs wot jemütlisch jefrühstückt, nä nix im Nachhemd oder so, schön adrett un frisch jewaschen. Isch hat vill Freundinne un ehn hät immer bei uns jeschlofe un so soße mir denn so öm dä Disch un als minne Oppa dann en dicke Zijarr an zu ruke fing, dä hät dann so dicke Kringele en de Luft jeblose un do kom dann dä jemütlische Teil.

Nu muß isch jet vorausschicke un verzelle, minne Oppa is als junge Kähl im eschte Weltkrich zur See jefahren

Un om Ärm hat dä ne Matros un ne Anker tätowiert jehat un jett ol onger uns, sonne Oppa hät Kinner von die angere Pänz jehat.

Min Omma wor dann in de Küch am rumklappere un isch wollt ja och ä bisske anjeben un wollt wat wissen wo dä denn överall jewäse is. Janz ehrlisch, dä is janz schön wie in de Welt erömjekumme. Min Omma hät dat alles zu lang jeduert un janz ehrlisch die hät och vielmehr Fantasie jehat un hät dann anjefange-

Minne Oppa hieß Edmund und min Omma jab dann die Stichworte, wie :Ed erzähl dochmal wie Du da in Borneo die Tochter von dem Häuptling hierade solltest.

Wie wor dat denn nochens, muß isch äwes überlejen wor dann dem sin Antwort und at wor dat Stichwort für min Omma ,die wor bis dahin nur bis in Krefeld jewäse, äwer die hät uns en Abenteuerjeschicht verzellt un die wor vom Allerfeinsten.

Minne Oppa wär in en Höhe voller Totenköpfe die uffejespießt waren, jefangen jewesen un mit letzter konnt he sich befreie und mit en dicke Riesenschlang hät dä jekämpft un ä Krokodil hat ihm beinah ne Fuß abjebisse , wenn he dä nit im letzte Moment zurückjezojen hätte un so jing dat weiter. Mir hant jebannt zujehört, minne Oppa auch, denn die Abenteuer wore och neu för ihm selbst.

Min Omma wor sowieso en janz besondere Frauvoller Ideen. Äwer dat sin dann widder angere Jeschichten, die verzell ich Üch vielleicht mol demnächst.

 So als Nachsatz muß isch noch hinzufüjen, min Mam musst vill arbide un deshalb hat misch de Omma jroßjetrocke un nu könn Ehr Üch ja denke von wem ich dat Jeschichten erzählen jeerbt hab.

Die Krone der Schöpfung

Dieses Märchen beginnt an einem großen Teich, wo all die Babys die nun in Ihr Elternhaus von der Klapperstorch-Airline gebracht werden sollen, noch friedlich schlummernd auf Seerosenblätter sanft in den Wellen schaukeln. 2 Stunden vor dem großen Start in die neue aufregende Menschenwelt, fliegen 2 kleine Elfen mit einem hellblauen und einem rosa Zauberstab zu den kleinen Jungs und Mädchen. Das Elfchen mit dem rosa Zauberstab berührt leise die Stirn der kleinen Mädchen und tausend glitzernde Pünktchen rieseln auf die Stirn hinunter und das Elfchen sagt ganz leis:

„ Hier oben, Ihr lieben kleinen Mädchen, ist Eure wichtigste Stelle für Euer Leben und diese kleinen Punkte werden sich vermehren und Euch sehr intelligent und pfiffig machen, wenn Ihr fleißig denkt und denkt, dann werdet Ihr alle Probleme die auf Euch zukommen werden, lösen können." Das Elfchen mit dem hellblauen Zauberstab verhält sich etwas anders, denn es hält den Stab 3 Etagen tiefer auf die Krone der Männlichkeit (na ja, z.Zt. ist es noch ein Krönchen) und läßt tausende von Glitzerpünktchen herunterregnen und flüstert:

„Hier meine süßen kleinen Jungs ist Eure Zentralstelle und damit werdet Ihr denken, denken, denken und

Euch immer sehr viel Freude schenken. Für den Unbill und die Stürme des Lebens, da nehmt Euch dann später eine Frau, die bekommt wohl grad einen Schlüssel für Problemlösungen ins Gehirn gezaubert".

Als die Elfchen ihr Arbeit beendet hatten flogen sie lächelnd davon und die Klapperstorch-Airline konnte starten.

Im Dörp is Trauer anjesacht

Hüt han isch en kleen Sensation zu vermelde, vom Angelo. Wißt Ihr doch, dat is doch dä „Frauenflüsterer von Niederrhein he bei uns us de Eisdiel. De Jung is weg vom Markt, also ins Hochdeutsche Angelo Giradello hat geheiratet.

Tja, la Mamma wor nit zu ungerschätze, als die letztens he mit dem Angelina zu Besöök wor. (wat dem sin Mamma säht dat is Jesetz)

Ob ehmol , hät dä Angelo zu uns jesaaht, „Ladys, isch machen Ulaub und fliege mit Mama zurück nach Italien, sie ist so ängstlisch im Flieger" Wenn isch alles jlaube, äwer dat dä kläne pummelije Drahthaarfox Angst hät vorm Fluchzeuch, nie im Läwe. Die hät vielmehr Angst jehat, dat sisch he ens von dene Madamsches ihre Angelo für immer schnappe wöhd.. Also die Hochzeit hat in dem Angelo sin Heimat stattjefunge, un zwar mit dem schon leicht anjestaubten Angelina.

Als de dann die Dach us dem Urlaub widder zu Hus wor, he in sin Eisdiele hät dä uns dann dat Angelina offiziell als Frau Giradello vorjestellt. Ich han so in de Rund jekickt und bei einije Mädches janz schön lange Jesichter jesehn. Dat Trudi, war ja he im Dörp   dem sin Lieblingsspieljefährtin, dat sah us als wenn et in en janz saure Zitrone jebisse hät. Ich weess, jetz bin isch ä bisske jehässisch, äwer dat hät immer so jedon als wenn et he de Frau Giradello wär .

Äwer ich glöw janz erlisch, dä Angelo wöhd da janz schön vermisst bei die einsame Häzkes he im Umkreis.

Dat weess dä och und damit dem sinne Umsatz nit im Keller rutsche däht, hät dä sich janz pfiffich wat öwerlecht.

Nämlisch sinne Cousin Carlos kütt in 14 Dach, un steht dann hinger de Thek. Isch han en Foto jesehn von dem Jung, jenauso en Sahnestück wie dä Angelo, nur 15 Jahr jünger.

Un da hät rheinische Jrundjesetz sisch widder bewahrheitet:

Et kütt wie kütt

Et is wie et is

Un et es noch immer jut jejange

Isch glöw janz bestimmt dat dat juht jeht, und dat die Mädsches widder mit Häzkloppe he in die Eisdiel und ömeröm erömscharwenzele. Nur all so 10 bis 15 Johr jünger und die Madamsches von jestern müssse sich he bei die Bure umkicke et is dann äwes Liebe „Made in

Germany"

Un unger uns Äldere, dat wor doch fröher immer ne Jütestempel wenn dat irjendwo drob zu läse war, waröm soll dat denn hüt bei manche Sache nitoch noch stimme.

So dat is dat Neueste he us em Dörp, mi weess isch för de Moment nit mi.

Kleiderfragen oder
dat neue Vaselümpchen

Ich bin in 14 Dach janz jroß einjeladen, beim Karl un Hilla, denn die trauen sich noch mal und dont heiraten.

Äwer dat Hilla, mäkt ne Buhei us dem Ereichnis, dat kannste nit glöwe.

Alles nur vom Feinsten, de Lokalität dat Menüals wenn en Könijin hierate däht.

Ich mehn, ich jönn dem dat, denn et hät sich lang jenuch anjestrengt öm dä Karl zu kapere un an sinne voluminöse Busento zu drücke.

Un et hät och janz schön Konkerrenz he im Seniorenclub jehat, denn dä Karl is ne pflejeleichte Typ, säht meistens brav zu allem Ja und Amen un en jute Rente hät dä och un sowat ist jefracht.

Nä nit bei mich, wat soll ich mit so ne langweilije Schluppejandi, aber ejal op jede Pott passt ne Deckel oder so ähnlich.

Un nu bruch ich en neues Vaselümpchen, also uf Vorehmdeutsch ein passendes Gewand zu diesem Event." Ich han also minne Kleiderschrank durchforstet un han nix jefunge für dat Ereichnis un deshalb bin ich jesternnach Düsseldorf jedüst un han misch dürk die passenden Jeschäfte jearbeitet. Ich bin och im 7 Jeschäft fündich jeworden, eijentlich is et en Notlösung, schlicht dunkelblau un damenhaft. För dä Anlaß is et jut un för en Beerdijung kannste dat och bruche,also is et vielseitisch verwendbar äwer so richtich wohl, nä, föhl ich mich nit. Dat Kleidermanns Käthchen, dat han isch mitjenomme, wollt mich unbedingt noch ne Hut ofschwatze, äwer da han ich dann jestreikt. Ich un so ne Bibi, wo sin mer denn han ich dem jesaat, ich jon doch nit nach de queen Elisabeth.

Jetzt hängt dat elejante Damenkleid he bei misch am Schlafzimmerschrank un ich bin froh dat ich jetz he widder min bequemeJeans antrecke kann und widder dat Jenna bin un kinn ufjebrezelte Lady.

61

Gedanken über die Liebe

...............................nicht nur zum Valentinstag

Liebe ist,

als wenn die Sonn den Morgentau küsst

und überall ein herrlich Glitzern ist

Liebe ist,

wie im Winter die wohlige Wärme vom Kamin

oder so, wie wenn Frühlingsdüfte die durch die Lande ziehn

Liebe ist,

in wunderschönen Augen zu versinken

und so kribbelig wie Champagner trinken

Liebe ist,

einem Menschen aus vollem Herz zu vertrauen

und sicher zu sein, nicht auf Sand zu bauen

Liebe ist,

die Ängste der Nacht gemeinsam zu überwinden

und stattdessen ein Lachen für's Leben zu finden

Liebe ist,

wie das tröstendes Streicheln einer zärtlichen Hand

die man nach langem Suchen nun endlich fand

Liebe ist,

wenn zwei Herzen im gleichen Takt schlagen

und man sich ganz hingibt, ohne zu fragen.

Liebe kann so schön sein, weil man

vor Glück erzittert

aber sie kann furchtbar sein, wenn sie vorbei

und das Herz zersplitter

Warum nur

Warum ich das alles hier geschrieben habe?

Na ganz einfach. Ich war die Zettelwirtschaft zuhause leid.

Anstadt nun das ganze Zeugs zu lochen und abzuheften, hab ichs einfach auf meinem Kombjuder geordnet.

Das Ergebnis seht Ihr nun hier.

Ich bedanke mich, dass Ihr dies hier alles gelesen habt.

Man kann dieses Werk auch kaufen, wenn nicht im Handel, dann eben online.

Auch als Ebook kann mans erwerben, bis April 2016 zum Sonderpreis.

Ihr dürft es weitersagen….. dies ist ne hübsche Geschenkidee

Noch ein Hinweis für Dialektliebhaber:

Mein Kollege Wolfgang Käser hat zwei Büchlein geschrieben , alles Pälzer Dialekt:

Makkawer fer Unempfindliche und

Dumm geabbelt is glei

Und ganz u

unner uns….. auch die kann man kaufen